안녕 친구들아, 올해의 마지막 인사가 될 거 같아.
내가 요번에 친구들과 나누고 싶은 건 우리의 마을 이야기야.
친구들도 마을에 살고 있지? 여름 방학에 비행기를 타보니까 우리는 개미집처럼 조그마한 곳에 살고 있더라. 개미처럼 많은 사람이 말이야.
우리 마을은 고양이 모양의 집이 있고, 핑크색 나무가 있어. 이곳에 박쥐와 다람쥐, 토끼… 정말 다양한 친구들이 함께 살지. 요즘 네발 친구들이 많이 이사를 왔대. 얼마 전 마을 주민들이 회의를 해서 '네발 롤러블레이드 전용길'도 만들었어. 이것뿐만이 아니야. 우리 마을에서는 누구나 처음 만나면 엉덩이를 부딪치며 인사해야 하고… 아, 여기까지만 소개할게. 나머진 이 책을 보면서 상상해봐. 우리 마을의 규칙과 질서까지 다 익히고 나면, 친구들은 마을 방문증을 받을 수 있어. 언제든 우리 마을에 놀러와~!

LET'S GO TO OUR TOWN

우리 마을에 온 걸 환영해! 나는 오늘의 가이드 DOO야.
오늘 우리는 마을의 명물 고양이 타워, 덕촌 호수, 아무거나 마켓에 들를 예정이야.
12명의 친구들이 투어를 신청했는데, 모두 탔는지 네가 한 번 세어봐 줄래?
모두 탔으면 출발!

DON'T GIVE SWEETS TO DUCKS

친구들, 덕촌 호수에 도착했어. 호수에 사는 오리는 천연기념물이야.
우리의 소중한 오리에게 과자를 주지 말아줘.
그건 돌을 던지는 것만큼 오리를 괴롭히는 일이 될 수 있거든.
호수 옆에 핑크트리가 풍성하게 피어있지? 잠깐 내려서 기념사진을 찍어도 좋아.

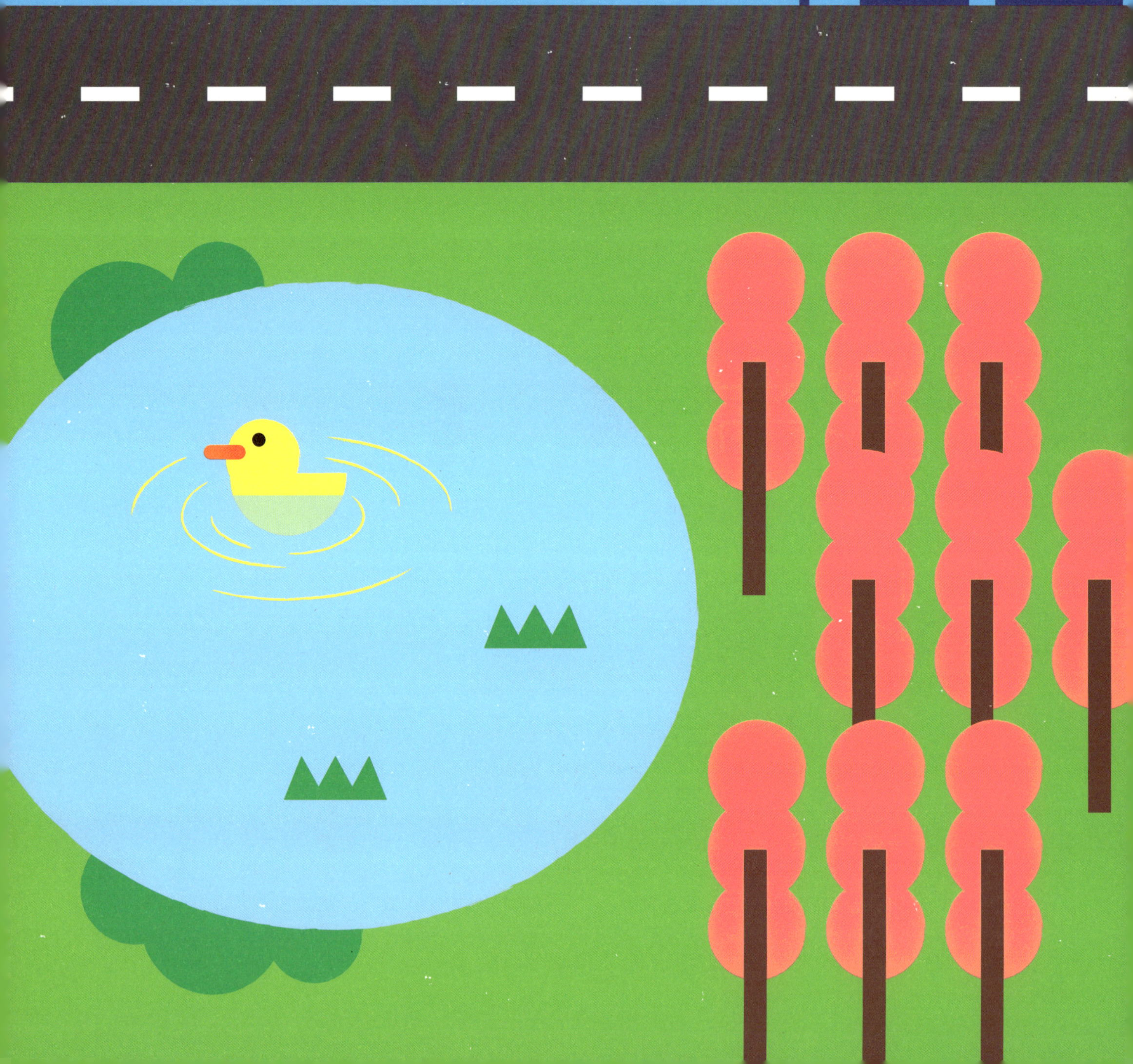

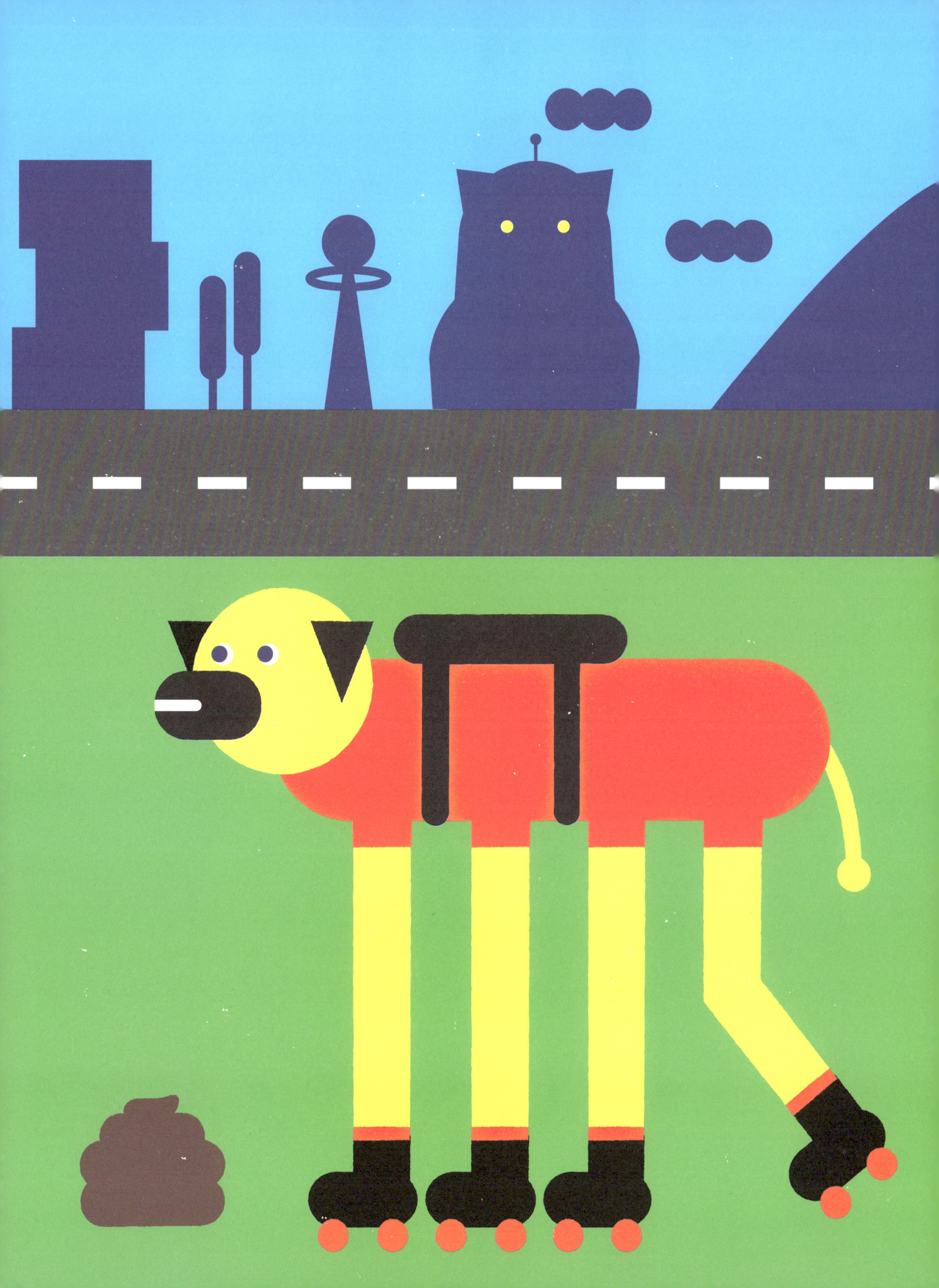

CONNECT WHAT EACH PICTURE NEEDS

관광하면서 본 세 명의 친구들에게 꼭 필요한 것들이 있대.
찾아서 선을 그어 줄래?

TRY TO SET A TIME FOR OUR TOWN

우리 마을에 왔으니까 기념품으로 내 얼굴이 그려진 시계를 선물할게.
이곳의 시간은 오후 2시 20분이야.
시침과 분침을 오려서 시간을 표시해봐!

HOUR MINUTE

TRAFFIC RULES OF NEW VILLAGE

여기는 우리 마을의 뉴타운이야. 그래서 아직 횡단보도도 신호등도 없지 뭐야.
네가 좀 그려줄래? 아, 교통 표지판도 있으면 좋겠는걸?

SINGING MOTHER GOOSE 작디작은 거미가 되어 노래를 불러 볼까?

ITSY-BITSY SPIDER

the itsy-bitsy spider
went up the water spout
down came the rain
and washed the spider out

out came the sun
and dried up all the rain
and the itsy-bitsy spider
went up the spout again

WEE DOO Video Channel!

GUMMY WORMS ON THE CHOCOLATE HILL

① 초콜릿 케이크 믹스에 계란을 넣어 섞고

② 컵케이크 틀에 조심조심 부어줘

③ 예열한 오븐에 25분간 굽고

④ 푸딩 믹스랑 우유, 휘핑크림을 섞어 달콤한 크림을 만들어

⑤ 잘 구워진 케이크가 봉긋 부풀어 오르면

⑤ 만들어둔 크림을 도톰하게 얹어봐

⑤ 지렁이 젤리를 올리면 완성!

MAKE PAPER MASK!

shake hands with his nose.

say hello to your finger.

cut!

I'm The Lion King!

THE MOST FAMOUS SYMBOLS IN MY CITY

누가 '너 어디에 사니?'라고 물어보면
내가 사는 곳에서 제일 유명한 것들을 하나씩 말해주곤 해.

KYEONGJU
경주

JEJU
제주

BUSAN
부산

SEOUL
서울

YES? OR NO!

이 마을에 있는 사람들과 잘 지내려면 질서가 필요하겠지?
우리가 하면 좋은 것과 하지 말아야 할 것을 적어봐.

- ☐ _____
- ☐ _____
- ☐ _____
- ☐ _____
- ☐ _____
- ☐ _____
- ☐ _____
- ☐ _____
- ☐ _____
- ☐ _____
- ☐ _____

- ☐ _____
- ☐ _____
- ☐ _____
- ☐ _____
- ☐ _____
- ☐ _____
- ☐ _____
- ☐ _____
- ☐ _____
- ☐ _____
- ☐ _____

NEW IDEAS ON SHAPES

이 모양들로 뭘 그릴 수 있을까?
책을 똑바로만 보지 말고 옆으로, 거꾸로 돌려봐. 그럼 새로운 생각이 떠오를 거야.

DEAR.

FROM.

WHAT YOU SEE IN THE CITY

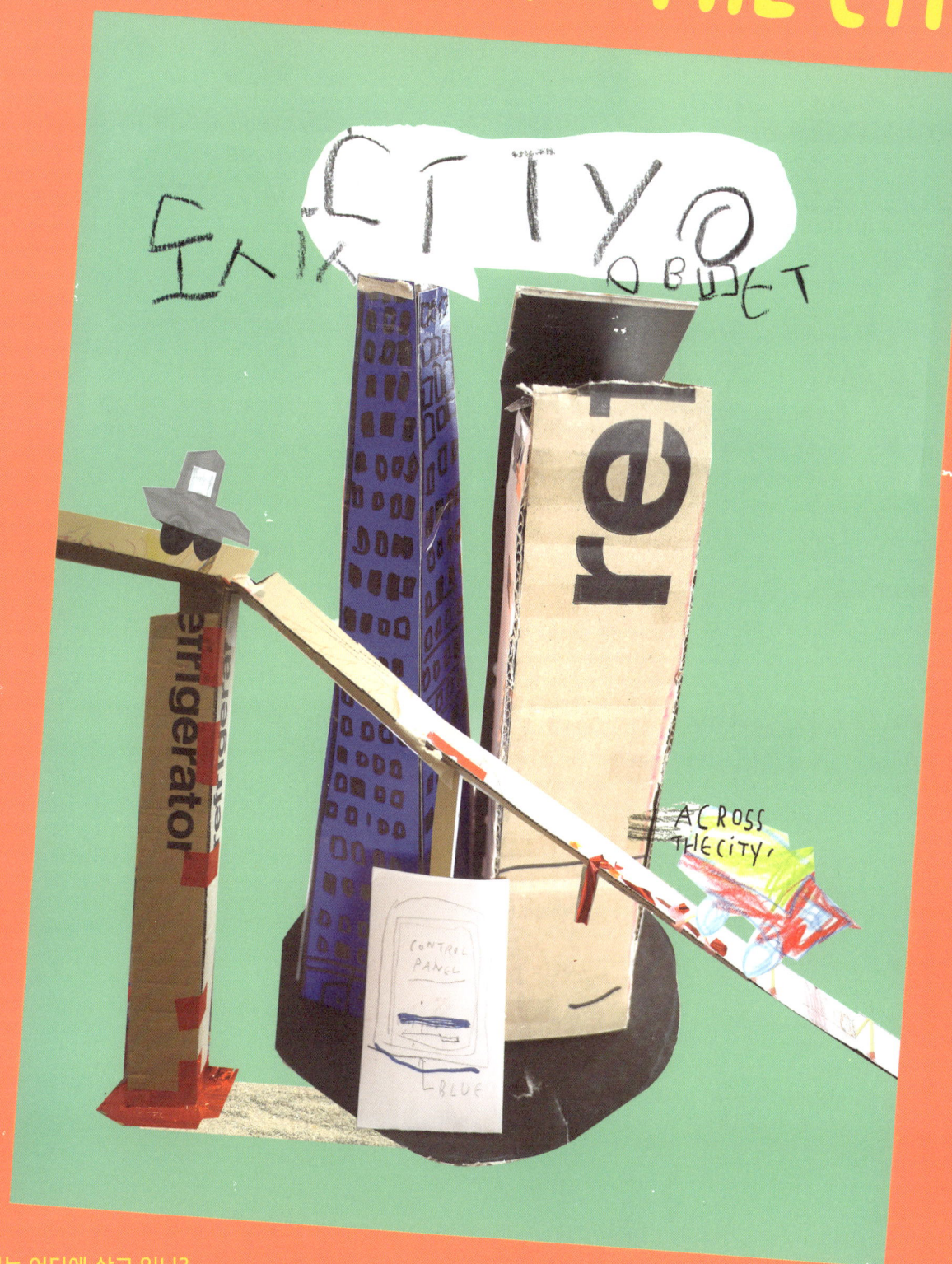

BY PAPAWORKROOM

너는 어디에 살고 있니?
네가 사는 곳에서 보이는 건 뭐고, 보이지 않는 건 뭐야?

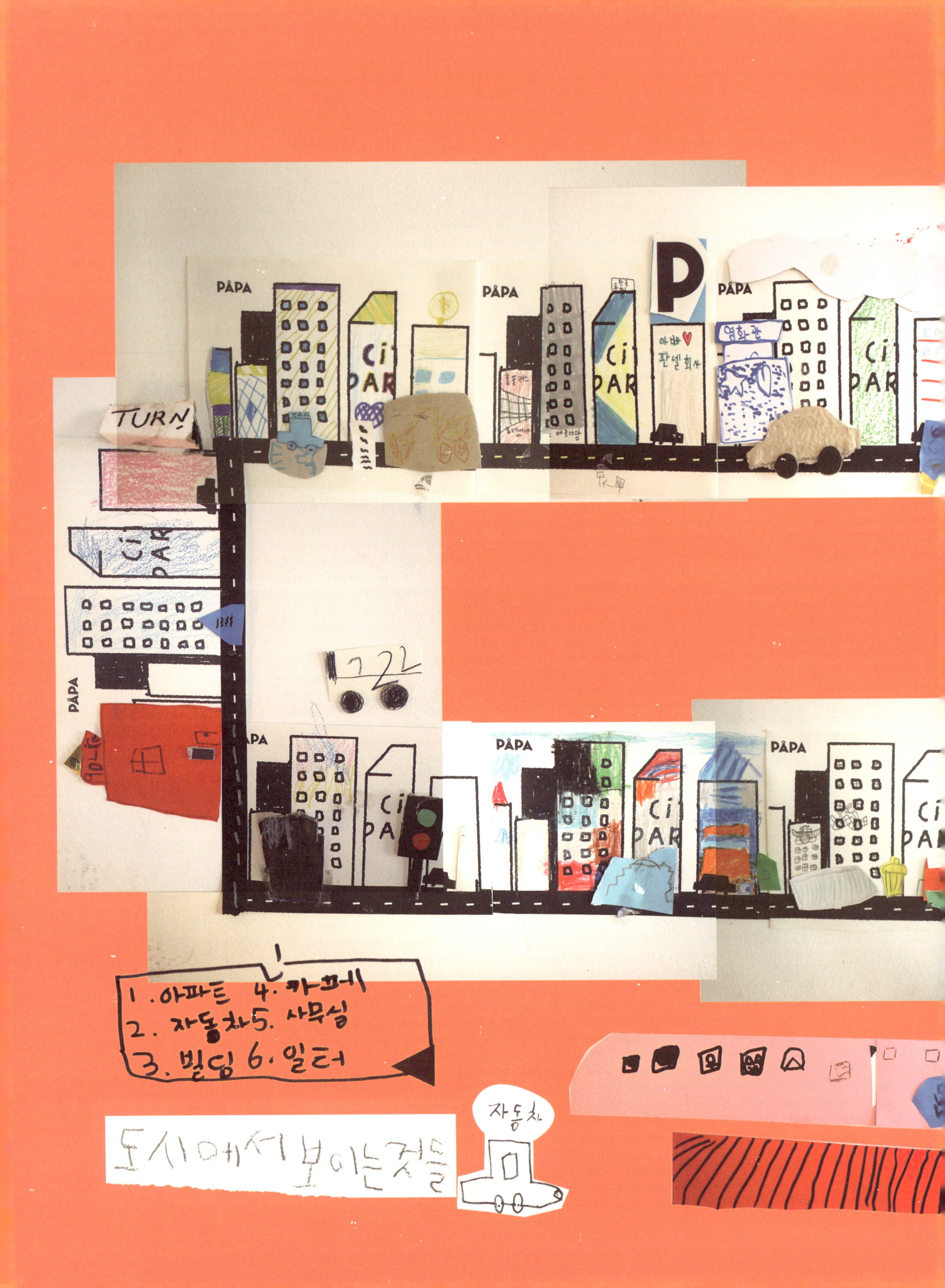

1. 아파트 4. 카페
2. 자동차 5. 사무실
3. 빌딩 6. 일터

도시에서 보이는 것들

자동차

도시에서 보이지 않는 것들

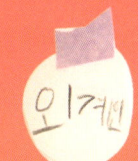

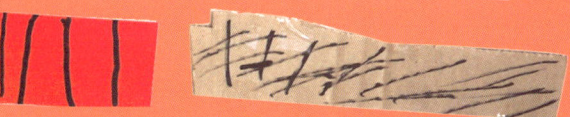

최아인 8세, 이선유 8세, 김시은 8세, 안주형 8세, 문예준 8세,
정윤채 8세, 정도하 7세, 이채연 6세, 방은소 6세, 박민영 7세, 오하준 7세

LET'S DO IT

'도시에서 보이지 않는 것들'을 선 아래에 그려보고, '도시에서 보이는 것들'과 비교해 봐.

도시에서 보이는것들

도시에서 보이지않는것들.

PAPA 파파워크룸papaworkroom은 어린이 시각 아트워크를 진행하는 소규모 스튜디오다.
장르와 소재를 불문하는 다양한 키워드로 새로운 시각물과 이야기를 만들어 나가고 있다.

WHERE I WANT TO LIVE

내가 만든 도시는 많은 것이 필요하지 않아.
놀이터, 나무, 호수, 버스, 탱크, 미끄럼틀만 있으면 되지. 너는 어떤 곳에 살고 싶어?

BY BDC ARTSTUDIO

박민서 7세, 자전거 탄 풍경

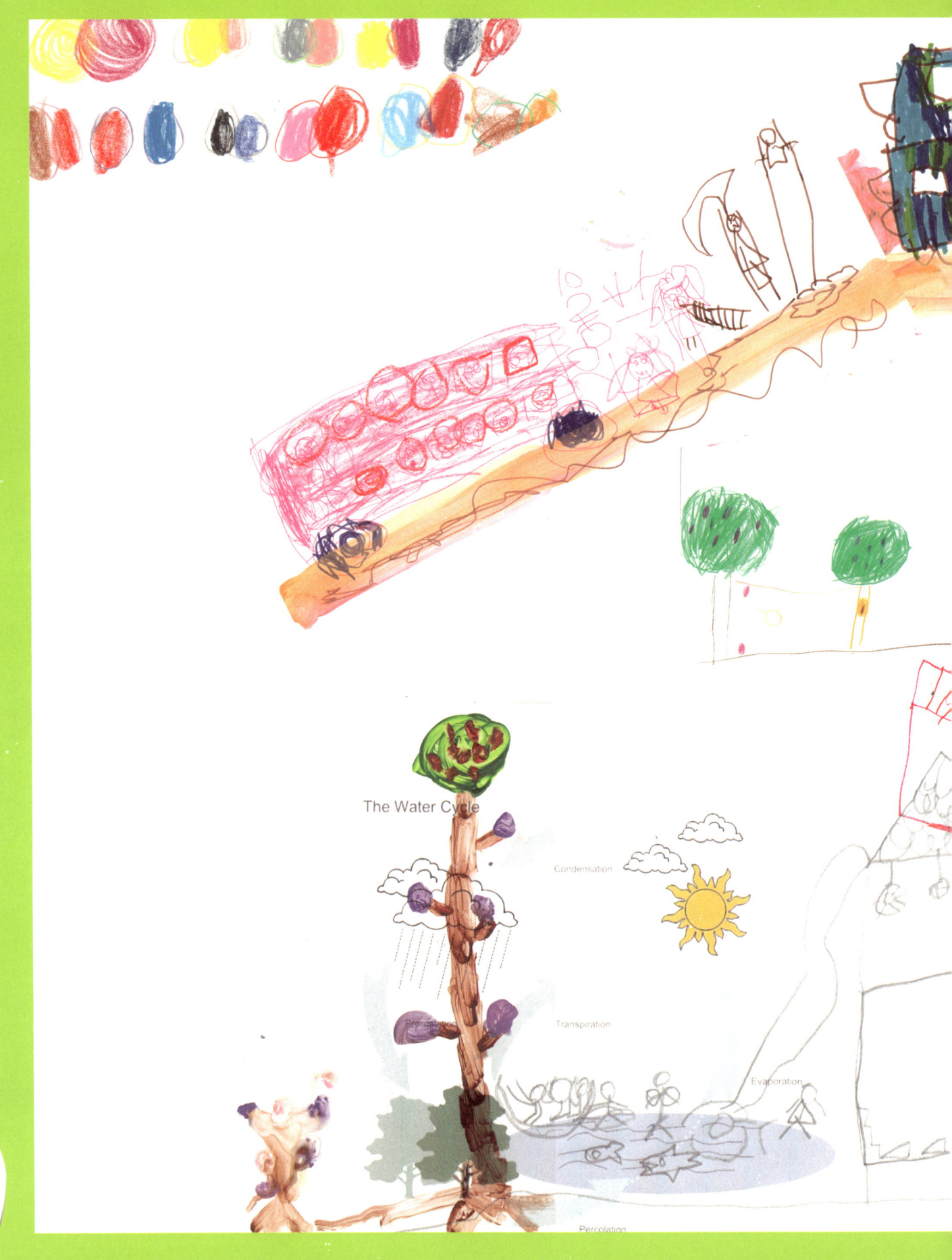

송지오 6세, 박이룸 5세,
김태림 7세, 백서은 7세,
이예찬 6세, 김선우 5세,
이석진 6세, 박하진 5세

이해밀 8세, 도시

비디씨 아트스튜디오BDC;bigdaycoming는 아이들이 소소한 일상에서 얻은 영감을 다양한 문화·예술 분야와 연계해 미술 활동으로 녹여낸다. 아트워크 클래스를 비롯해 비디씨 드로잉 클럽 등을 운영하고 있다. bigdaycoming.org

BEAT THE BAT!

앗, 밤마다 우리 마을에 나타나는 박쥐잖아?
눈싸움에서 이겨야만 여기를 지나갈 수 있어!

MONSTER CITY

여섯 어린이가 유령 도시를 만들어봤대. 거미, 박쥐, 뱀파이어 또 누가 살까?
네가 꿈꾸는 몬스터도시도 궁금해.

BY ZUT ATELIER

이서진 5세

이곳은 착한 토끼 유령들이 사는 민트 유령도시예요.
여기에 사는 유령들은 사랑이 넘쳐요. 하나도 무섭지 않아요.
이 도시의 거미집도 무지개빛이에요!

천승우 6세

유령도시의 집에는 거미 유령, 박쥐 유령들이 살아요.
뱀파이어까지 등장하면 하늘도 건물도 집안도 온 도시가 검은색으로 변해요.
그땐 우르르 쾅쾅! 검정 번개도 쳐요.

김가빈 6세

프랑스에 있는 호기심 많은 에펠탑 유령이에요!
낮에는 사람들이 붐벼 나타나지 못하고, 해가 지고 밤이 되면,
에펠탑과 집들은 모두 유령들로 변해요. 그리곤 프랑스의 밤거리를 돌아다녀요.

윤재민 7세

유령들이 점령하던 이 도시는 점점 사람들이 살 수 있는 환경으로 바뀌고 있어요.
그것을 지켜보던 뱀파이어의 집에 사는 프랑켄슈타인과 박쥐 유령은 또다시 암흑 도시를
만들기 위해 계획 중이에요!

최한희 7세

으스스해지는 밤이 되면 도시는 온통 변해요.
하얗게 변하는 유령의 집, 키가 엄청나게 커지면서 눈이 하나인 꽃,
빨간 나무 위에 살던 거미들도 하나둘씩 밤이 되면 등장해요.

함서율 7세

이곳은 공주가 살던 성이에요. 하지만 이제 아무도 살지 않는 유령의 성이 되어버렸어요.
아무도 살지 않는 이곳엔 이상하게도 항상 불이 켜져 있어요.
으스스한 이 성으로 한번 들어가게 되면 절대 나오지 못한대요.

쥬트zut!는 생각하는 아이를 키워내기 위한 프랑스 국립학교의 융합예술 커리큘럼으로 구성된다.
수업은 패브릭 아트 섹션과 파인 아트 섹션으로 진행된다. zutkorea.com

THE CITIES WHERE I LEFT MY BREATH

내가 사는 도시는 서울. 물론 내가 가장 사랑하는 도시도 서울! 그동안 가족들과 여러 도시를 여행했어. 사진을 보고 있으면 그곳에 아직 내 흔적이 남아 있는 것만 같아. 도시에 남긴 내 흔적을 좇아봤어.

런던은 가장 오래가본 도시여다.
약 2달 동안 있었기 때문이다.
내가 런던 중 가장 좋아하는 곳은 아마도 tower bridge (타워 브릿지)
일 것이다.
열렸다 닫혔다하는 다리.
밤이면 불이 번쩍번쩍 켜진다.

영국에서 보았던 백조

seoul 서울

서울은 내 **고향**이자,
내가 자주 읽는 **책**의 재미를
깨닫게 해준 곳이다.

SEOUL
book book book

절벽 위에서 다이빙 하던 사람들이 인상적이었다.
나도 어른이 되면 절벽 위에서, 바다로 멋지게 다이빙 할 수 있을까?

Cinque terre

파리하면 바게트 🥖가 생각난다.
바삭거리는 빵, 바로 바게트이다.
너무 맛있다. 거기다가 올리브 오일과 발사믹이나
버터에 찍어/발라 먹으면 진짜 꿀맛.

MY MINI MINI BOOK

손에 쏙 들어가는 그림책, 스스로 만들 수 있어!

1.
2.
3.
4.
5.
6.

빨간 양말
글·그림 황숙경 | 한림출판사

어느 날 다람쥐가 발견한 빨간 양말 한 짝. 다람쥐는 그 양말을 도토리 보따리로 요긴하게 쓴다.
이후 병아리, 쥐, 원숭이, 코끼리 등 여러 숲속 친구들이 각자의 쓸모에 맞게 양말을 활용하는데….
모두에게 꼭 맞는 빨간 양말! 이번에는 또 누구의 마음에 들게 될까?

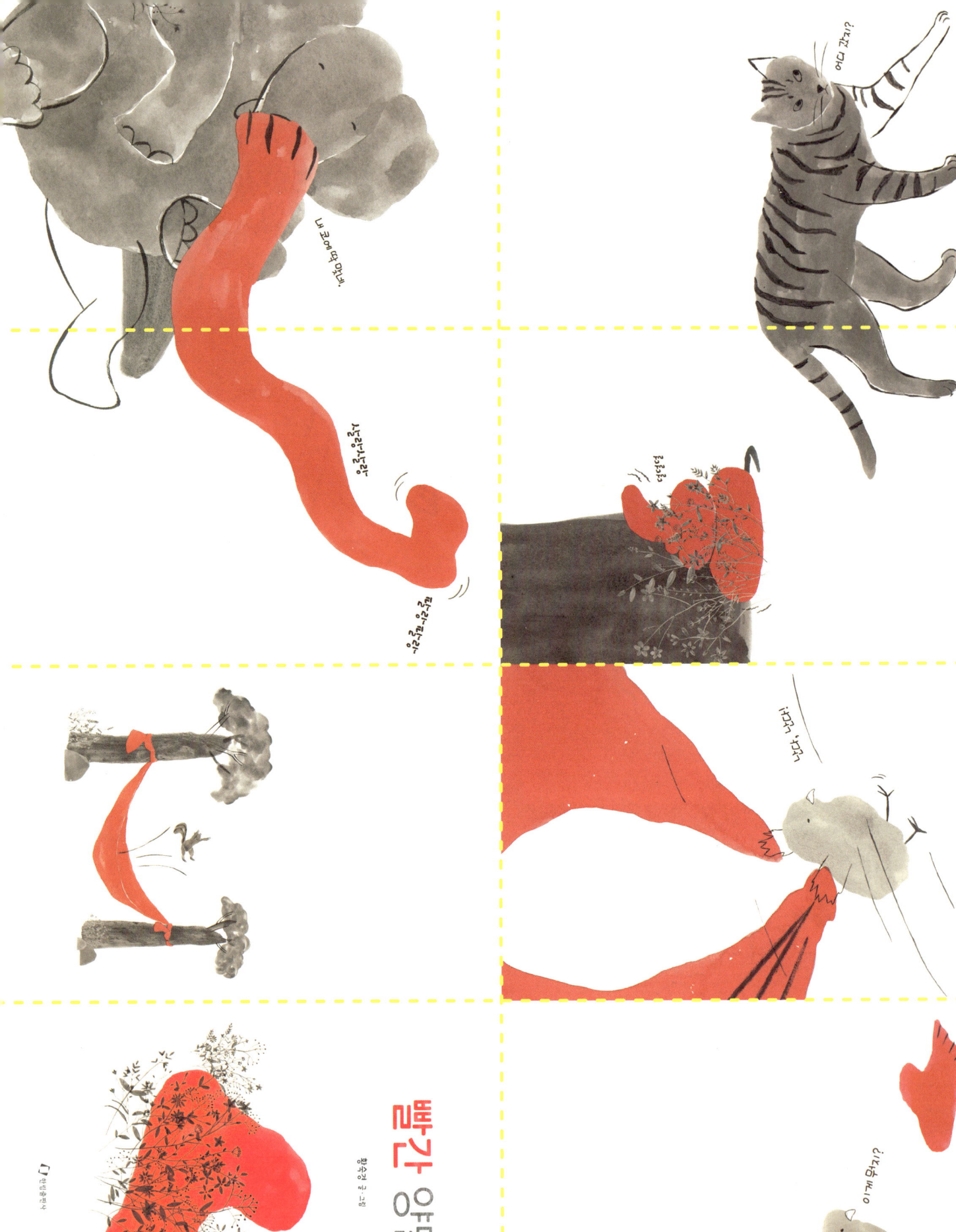

WHAT WILL HAPPEN NEXT?

우리가 사는 도시 곳곳에서는 매일 크고 작은 사건들이 벌어져.
이 네 가지 이야기의 마지막 장면을 상상해봐. 도대체 그 다음엔 무슨 일이 일어났을까?

MAKE A VISITOR PASS

우리 마을 구경 잘 했어? 우리 마을의 질서와 위치를 익혔다면 방문증을 줄게.
언제든 자유롭게 방문할 수 있어!

VISITOR PASS

NAME. DOO
DATE. 2019. 11. 26

 example

VISITOR PASS

NAME.
DATE.   .   .